LITOGRAPHIE

MORALE ET POLITIQUE

DE MM. LES MEMBRES

DE LA CHAMBRE DES DÉPUTÉS.

DE L'IMPRIMERIE DU POULET,

QUAI DES AUGUSTINS, N°. 9.

LITOGRAPHIE

MORALE ET POLITIQUE

DE MM. LES MEMBRES

DE LA CHAMBRE DES DÉPUTÉS,

ou

RÉSULTAT DES VOTES

POUR ET CONTRE

LA LOI SUR LA LIBERTÉ INDIVIDUELLE.

Segnius irritant animos demissa per aurem
Quam quæ sunt oculis subjecta fidelibus, et quæ
Ipse sibi tradit spectator.
HORACE, *Art poétique.*

SECONDE ÉDITION,

A PARIS,

CHEZ LES MARCHANDS DE NOUVEAUTÉS.

1820.

PRÉFACE.

DIALOGUE.

M. Oui. — M. Non.

Avant de faire parler nos deux interlocuteurs, il convient peut-être de donner leur signalement, quoique le monosyllabe sous lequel je les désigne les fasse assez connaître.

M. Oui, maigre et sec, figure hâve et décharnée, teint citron, yeux saillans, bouche grande, encore deux dents, jambe effilée, *ce que Potier appelle une jambe à succès*. Chapeau à trois cornes ressuscité du quinzième siècle, habit bleu de ciel, veste de satin cerise à paillettes ; culotte serin, bas blancs, manchettes et jabot ; coiffure très-soignée, ailes de pigeon, queue longue et mince ; en un mot, un petit maître à *tous crins*. La démarche fière, tête busquée, l'air triomphant ; canne, épée, parapluie.

M. Non, le maintien décent et modeste, chapeau rond, habit bleu foncé, pantalon *idem* ; physionomie portant pour enseigne la franchise et la loyauté ; jouissant de la bonne fortune sans orgueil, et supportant les revers sans murmurer ; il se console en disant :

Justum et tenacem propositi virum,
Non civium ardor prava jubentium,
Non vultus instantis tyranni
Mente quatit solida. . . . . .

Ces deux messieurs se rencontrent ; ils n'avaient pas l'habitude de se parler. M. *Oui* arrête M. *Non* ; ils entament ainsi la conversation :

M. Oui. Eh bien, Monsieur, la lutte est terminée ; la bonne cause, les principes triomphent ; le bon ordre, la tranquillité, la paix vont régner en France ; nous allons jouir de tous nos droits. Je dis *nous*, les honnêtes gens. On nous a assez tracassés, vexés depuis trente-un ans. Chacun a son tour.

M. Non. Comme vous le dites fort élégamment, chacun à son tour ; vous avez la voix haute, mais vous pourriez fort bien déchanter.... Gare le dénoûment !

M. Oui. Comment ! vous osez encore prendre le ton menaçant ? mais songez donc que nous sommes en force, en mesure pour appuyer nos moyens de répression, empêcher les criailleries ; tout est prévu, calculé, arrangé ; nous discutions seulement pour la forme. Croyez-vous que nous eussions agi ainsi si la majorité n'eût pas été pour nous, oh nous ne nous embarquons pas sans biscuit ?

M. Non. Je sais que vous aviez pris toutes vos précautions ; mais, mon cher Monsieur, le bien naît ordinairement de l'excès du mal, et . . . . .

M. Oui. Voilà une bonne pensée philosophique ; c'est votre grand cheval de bataille. Je vous le demande, à quoi vous ont servi tous ces lieux communs renouvelés des Grecs, tous ces beaux discours, ces mouvemens oratoires, ces grands mots de liberté, de bien public ? *Vox clamantis in deserto.*

M. Non. Vous me demandez à quoi ont servi ces

énergiques réclamations en faveur de la Charte et de nos libertés ? à repousser l'ambition, à consacrer nos droits, les vôtres même, car nous ne séparions point votre cause de la nôtre. Vous le reconnaîtrez peut-être trop tard. Mais, quoiqu'il en arrive, si les principes immuables de la raison, de la philosophie et de la justice ne reprennent leur empire, ce qui ne peut tarder, vous nous retrouverez encore bons, sensibles, généreux.

M. Oui. Vous affectez une grandeur d'âme qui est bien loin de votre cœur. Qu'ont produit ces libertés que vous défendez avec tant d'acharnement ? le meurtre, la désolation, le mépris de la religion, de ses ministres. La liberté ! la liberté ! ce mot seul me met en fureur. Je ne connais de libertés que celles de l'église gallicane, d'autre philosophie que celle de la *Quotidienne*, du *Conservateur*, du *Drapeau Blanc*; c'est mon *vade mecum*, Monsieur, c'est mon *vade mecum*; et si jamais j'étais appelé à gouverner, à administrer, je n'aurais pas d'autre code.

M. Non. Vous me faites pitié; je n'irai point perdre mon temps à vous réfuter; prenez quelques grains d'ellébore.

M. Oui. Vous m'insultez, Monsieur; vous me manquez.....

M. Non. Vous insulter ? ce n'est point mon intention; je vous manque encore moins; ce que je dis arrive à son adresse.

M. Oui. A la bonne heure; voilà une réparation, et mon sang se calme. Mais je m'amuse ici, et j'ai une

petite liste à porter avec des notes sur certains individus qui ont tenu, ou qui doivent tenir des propos.
Ah! mes beaux Messieurs, vous nous avez traités jadis
de suspects; nous allons vous rendre la monnaie de
votre pièce. Ceci ne s'adresse pas à vous, Monsieur ;
vous venez de reconnaître vos torts, et si vous aviez
besoin de moi. ...

M. Non. Une telle protection est une injure ; mais
elle ne peut m'atteindre. Allez, Monsieur, quand on
a par devers soi la certitude d'avoir fait son devoir,
que l'honneur, la probité, la conscience ne nous
reprochent rien, on est libre encore sous le poids des
fers. Vous pouvez m'inscrire sur votre liste, c'est un
brevet d'honneur....

M. Oui. Vous le mériteriez-bien ; au reste, nous
verrons. Au revoir. (Il s'en va.)

M. Non. Et voilà ceux qui prétendent nous asservir!
O ma patrie ! malheureuse France! ô Charte, monument immortel de sagesse !... Mais pourquoi nous affli-
ger? espérons tout de celui qui nous gouverne; la vérité
brillera à ses yeux, il nous rendra le bonheur, et
nous serons vengés.

LITOGRAPHIE

MORALE ET POLITIQUE

DES MEMBRES

DE LA CHAMBRE DES DÉPUTÉS

*Qui ont voté pour la Loi contre la liberté
individuelle.*

MM.

Ambrugeac, Comte d', maréchal de camp de
la garde royale; ex-colonel du 10ᵉ de ligne;
(Corrèze); il a été victime de l'arbitraire, à plusieurs époques de sa vie. Traduit devant divers
tribunaux et incarcéré, comment a-t-il pu l'ou-
blier ? Et il a voté contre nos libertés !...

Andigné de Mayneuf, Comte d', (Maine-et-
Loire); il a été le défenseur du Clergé, ce qui an-
nonce un ami de la religion et de la morale, et
nous lui dirons, en passant, *tantæ ne animis.*

Anglès père, Comte, premier président de
la Cour de Grenoble, (Hautes Alpes); il disait
à la Chambre en 1816 pour tranquilliser les
acquéreurs des biens nationaux. « Quel gloire
pour vous, si vous parvenez à éteindre jusqu'aux
dernières étincelles du volcan, dont une nouvelle explosion serait peut-être plus terrible

2

que la première. » Cette loi qu'il approuve n'est pas une pompe contre l'incendie.

Angosse (d'), propriétaire, (Basses-Pyrénées); si l'honorable député venait à être atteint et frappé par la loi, qui veillerait sur ses propriétés? Mais le mal d'autrui n'est qu'un songe.

Arnaud de Puymoisson, procureur-général près la Cour d'Aix, (Basses Alpes). Pense-t-il que ses fonctions lui procureront quelques jouissances en approuvant la loi qui nous ravit la liberté.

Augier, Baron, maréchal de camp; il a porté, tour-à-tour, la toge et les armes. Il a prouvé dans plusieurs circonstances qu'il savait allier le courage à la justice et à la raison. La loi qu'il adopte ne passera jamais pour être leur sœur; du moins, nous ne le croyons pas (Cher).

Augier de Chèzeaud, maire, (Creuze). Nous ne reconnaissons pas, dans l'opinion qu'il professe, un fonctionnaire que l'on peut assimiler à un père de famille....

Aurran de Pierrefeu, (Var). Son caractère aurait-il quelqu'analogie avec la seconde partie de son nom? La loi qu'il adopte peut devenir une arme bien meurtrière.....

Avoyne de Chantereine, président à la Cour royale d'Amiens, (Manche); il n'aimait pas liberté de la presse en 1813; il vota, en 1816, pour la contrainte par corps, et son opinion en 1820 prouve qu'il est tant soit peu partisan des moyens coercitifs.

Barbary de Langlade, maire, (Dordogne).

Nous avions une autre opinion de la sienne.
Quantum mutatus ab illo.

Barbier. (Loire Inférieure). Il représente un
département, où les mesures acerbes de *Carrier*
ont appris à redouter l'arbitraire ; qu'il se rap-
pelle le *Bouffey* et les flots de la Loire.

Barrairon, Conseiller d'Etat, directeur général de l'enregistrement ; baron en 1818, (Lot).
Il passe pour avoir été étranger aux différens
partis à d'autres époques ; il n'a pas été bien
inspiré à celle-ci.

Barthe - Labastide (Aude) ; il exprimait, en
1818, à la tribune de la Chambre, le regret
d'être obligé de voter ou de parler si souvent
contre des projets de loi inconstitutionnels, qui
attaquaient les libertés publiques consacrées
par la Charte, et suspendues par des lois d'exception. Qu'est-ce donc que la loi qu'il approuve
en 1820 ? Croit-il qu'elle nous fera coucher sur
des roses.

Bayet, président du tribunal d'Issoire, (Puy-
de-Dôme) ; il aimait beaucoup la Charte en 1816,
l'admirait comme un grand monument de l'ordre
social, qui perpétuera à jamais la gloire de son
auguste auteur ; nous sommes de son avis ; l'opinion qu'il a professée en 1820, n'est pas une preuve
de sa constance.

Beaurepaire, le marquis de, commandant la
garde nationale de Louhans, (Saône-et-Loire).
Le noble député croit peut-être que la nouvelle

loi lui donnera quelques quartiers de plus.; hélas, il se trompe.

Becquey, conseiller-d'Etat, directeur général des Ponts et chaussées, (Haute-Marne), n'aimait pas la liberté de la presse en 1817, et n'est pas, à ce qu'il paraît, en 1820, partisan de la liberté individuelle; il vise à l'économie; on voyagera moins, et les grandes routes n'éprouveront pas autant de dommages.

Bellart, conseiller-d'Etat, procureur-général près la cour royale de Paris (Seine). De l'esprit, mais sa tête l'emporte souvent au-delà de ce que lui prescrit son cœur.

Benoist, ex-conseiller d'Etat, ex-chef de division au ministère de l'intérieur, (Maine-et-Loire) a fait preuve de dévouement dans les emplois qu'il a occupés à divers époques; aujourd'hui, comme autrefois, il songe à lui, *primò mihi;* aussi a-t-il voté.

Beugnot, le comte (Seine - Inférieure) ; il a voté contre la liberté individuelle ; il paraît que l'honorable membre n'a pas oublié l'époque où il donnait des billets de logement pour certaines maisons de retraite qui sont comme l'antre du lion ; on sait fort bien quand on y entre, mais pour en sortir c'est autre chose.

Bizemont, le marquis de , (Seine-et-Oise) ; il ne nous est connu que par ses deux titres et son opinion de ce jour.

Blanquart Bailleul, baron, procureur-gé-

néral près la cour royale de Douai, (Pas-de-Calais); il pensait, dans un temps, qu'il fallait se
prémunir contre les surprises, les envahisse-
mens du pouvoir. Dans une autre circonstance,
il combattit une proposition tendante à reconnaître le droit de publier et faire imprimer son
opinion; maintenant il vote contre la liberté individuelle. On voit qu'il veut nous renfermer
dans les bornes... de la sagesse et de la modéra-
ration. *Se non vero—bene trovato.*

Boisgelin (le comte de), colonel de la 10ᵉ.
légion de la garde nationale de Paris (Ille-et-
Vilaine) ; d'après sa conscience et son intime
conviction, il a cru devoir voter contre la liberté
individuelle; il est président du conseil de discipline de sa légion ; il apprendra à ses soldats le
chemin de l'hôtel de Bazancourt.

Bonald (le vicomte), retraité avec 12,000 fr.
comme conseiller de l'Université sous l'usurpa-
teur ; il pensait, dans un temps, que l'on pouvait
écrire librement, sauf certaines restrictions ; mais
il n'est pas de cet avis lorsqu'il s'agit de la liberté
individuelle, et il veut que l'on y mette plus que
des restrictions. . . .

Borel-de-Brétizel, conseiller à la cour de
cassation (Oise); il a été membre du conseil des
Cinq-Cents. Opposé à la révolution du 18 fructidor, il accepta la place qu'il occupe après le
18 brumaire, et croit, à ce qu'il paraît, que notre
bonheur est attaché à la loi qu'il vient d'a-
dopter.

Bourcier, comte, ancien lieutenant-général, président de la commission des fourrages (Meurthe). Nous avons servi sous ses ordres, il aimait la discipline, cependant il mettait rarement les officiers aux arrêts ; comment a-t-il fait pour voter cette loi ?

Bourdeau, procureur-général, près la cour royale de Rennes (Haute-Vienne). En décembre 1818, il se montra l'antagoniste de la liberté de la presse ; au mois de janvier suivant il battit, tant soit peu la campagne, en voulant discuter la loi sur le recrutement ; il n'était pas encore très-sûr de ce qu'il avait à dire lorsqu'il voulut parler sur la loi des élections ; en adoptant celle-ci, sait-il bien ce qu'il a fait ?....

Breton, notaire (Seine) ; il a fait un rapport relatif au canal de l'Ourcq ; s'est-il embarqué sur le bassin de La Villette, pour nous conduire au port, en adoptant la loi sur la liberté individuelle, nous le verrons plus tard.

De Broglie, le prince de, maréchal de-camp, conseiller d'Etat (Orne) ; il a développé de grandes connaissances en matières de finances ; son dernier vote prouverait quelles ne sont pas les mêmes en législation ?

Bruyères - Châlabre, comte de, général en retraite (Aude) ; en 1814, il pensait que l'on devait favoriser le développement de l'industrie et du commerce ; pourquoi, en 1820, ne place-t-il pas la liberté individuelle dans cette catégorie ?

Cambout de Coislin, le comte de, maréchal de camp (Loire-Inférieure). Nous lui ferons la même observation qu'à son collègue.

Cardeneau, maréchal de camp, baron, (Landes); il a sans doute voté par imitation.

Cardonnel, le chevalier de, président de la cour royale de Toulouse. Il a montré, dans différentes circonstances, de l'énergie, du courage pour combattre des abus; il demandait leur répression; il a été persécuté. Croit-il que des mesures arbitraires ne peuvent pas nous exposer aux mêmes dangers? (Tarn).

Castelbajac, chevalier, vicomte de, (Haute-Garonne); il prouve, en adoptant cette loi, qu'avec des connaissances très-étendues, de grands talens, un dévouement sans bornes pour le gouvernement, on peut encore s'égarer. *Errare humanum est.*

Chabrillant, le marquis, chef d'escadron, (Drôme); il a parlé en faveur des émigrés, rien de plus naturel; mais comment adopter une loi dont, dans d'autres temps, et sous un autre nom, ses parens et ses amis furent les victimes?

Chabrol de Chaméane, le comte de, (Nièvre).

Chabrol de Tournoël, le comte, (Puy de Dôme), ils portent le même nom, et ils sont sans doute de la même famille; ils ont voté de la même manière : rien de plus beau que l'amitié fraternelle!

Chabron de Solilhac, maréchal de camp,

(Haute Loire) ; il a parlé sur la liberté de la presse, en faveur de la religion , sur l'importation des grains ; il a dit qu'il fallait encourager le commerce, l'industrie et les arts ; et comme Sully, s'occuper des laboureurs. Nous dirons, en passant, à l'honorable membre, pour se livrer à ces travaux, ne me parlez point d'une loi qui vous ôte arbitrairement la liberté.

Chateaudouble, Paul, (Var) ; il a parlé contre l'impôt que l'on voulait établir sur les huiles ; comment se livrera-t-on à la culture des oliviers, si l'on est atteint par la loi que l'honorable député a votée? elle est encore plus à redouter que l'impôt.

Chevalier-Lemôre, procureur du Roi, à Issengeaux (Haute-Loire); il a parlé en faveur des religieuses. Ne nous étonnons plus s'il a voté pour la loi. Il ne voudrait voir en France que des reclus.

Clauzel de Coussergues, conseiller à la cour de cassation (Aveyron), a parlé sur le recrutement, contre le duel, qu'il regarde à juste titre comme un assassinat; mais s'il tient à conserver la vie de ses semblables, à veiller sur leurs jours, comment a-t-il voté en faveur d'une loi qui peut conduire à la mort avec une si longue agonie ?

Corbière, de (Ille-et-Vilaine); il s'est élevé contre les abus de la liberté de la presse, a fait des reproches aux ministres sur leur manière d'administrer; il les a défendus ensuite; il a invoqué les principes dans plusieurs circonstances, et il a voté la loi pour y recourir; n'est-ce pas être un peu en contradiction avec soi-même ?

Corday, de (Calvados); il est connu depuis quelques temps par une discussion qu'il a eue avec un de ses collègues. *Non nostrum inter vos tantas componere lites.*

Cornet d'Incourt, négociant (Somme). Il a parlé contre la liberté de la presse, pour la religion, la morale, les finances, sur le salaire à accorder aux ecclésiastiques; mais pour la liberté individuelle, il a voté contre. Ce n'est pas pour lui un article de foi.

Cotton, préfet de Vaucluse, (Rhône); il a parlé sur les élections, sur le droit de pétition. Il paraît qu'il n'a rien vu de vicieux dans l'adoption de la loi; que n'avons-nous tous les yeux de l'honorable député!

Courvoisier (Doubs); il s'est montré, dans un temps, partisan de la liberté de la presse, du recrutement, de la police; il a voté contre la liberté individuelle, en établissant cette distinction: *comme particulier je l'eusse rejetée, comme magistrat je l'adopte.* Quelle logique !...

Crignon d'Auzouer, (Loiret), négociant; il est connu, dit-on, comme un savant, un littérateur; ajoutons à ces deux titres celui d'avoir voté la loi.

Dartigaux, procureur-général à Pau (Basses-Pyrénées); il a été député des cent jours. Pour

quoi a-t-il voté ? il le dira peut-être un jour...

Daugier, comte, contre-amiral (Morbihan) ; il a commandé la marine de la garde ; ensuite à Lorient ; il a parlé en faveur des marins, et il a voté la loi, sans faire aucune observation.

Dequeux Saint-Hilaire, (Nord), député en 1815, ex-sous-préfet. On dit qu'il aime la véritable liberté ; celle dont nous jouissons est-elle donc fausse, puis qu'on veut nous la ravir ? il faut le croire, l'honorable député n'a rien dit.

Delong, premier président de la cour à Agen (Gers) ; il a parlé sur le recrutement, sur les emprunts, sur les élections. Mais la loi lui a paru un argument sans réplique; il a voté sans dire mot, comme un ministériel.

Desrousseaux, manufacturier (Ardennes) ; il a parlé sur les douanes, sur le sel, et s'est tu sur la loi ; il a sans doute donné son vote en pensant à son dîner.

Dijeon, le comte, propriétaire (Lot-et-Garone) ; il a été incarcéré en 1793. Prêt à périr sur l'échaffaud, un inconnu le sauva de l'arbitraire ; aujourd'hui il vote pour. On le dit bienfaisant, de mœurs douces ; quel contraste avec l'opinion qu'il vient de manifester !....

Doria, le marquis de, (Indre et Loire) ; il parla en 1815 sur les élections, demanda qu'il ne fût alloué aucun traitement aux députés, combattit le projet de loi sur le recrutement et sur l'avancement des militaires. Vota pour l'adoption

dé la résolution de la chambre des pairs sur la
loi des élections; il dit que c'était le devoir de tout
loyal député de ramasser ses forces pour sauver la
patrie menacée. Pense-t-il que la loi pour laquelle
il vient de voter en sera le palladium ?

Druet Desvaux, (Orne); il a suivi l'impulsion
du ventre.

Dubruel, proviseur au lycée de Versailles,
(Aveyron), membre du conseil des cinq cents
en 1795; il tonna contre les lois révolutionnaires, contre l'incarcération des prêtres, réduits
à l'agonie par les privations et les souffrances,
parla en faveur de la morale et de la religion,
proclama des principes de sagesse et de justice,
est-ce par erreur ou par oubli, qu'il a voté
la loi? non : il est ultrà.

Dumanoir, le comte, vice-amiral (Manche);
il fut témoin de la bataille de Trafalgar, sans
combattre avec l'avant-garde qu'il commandait;
ayant été pris ensuite avec toute sa division,
il resta prisonnier en Angleterre; il le fut depuis
en Russie; il a voté la loi : il connaît cependant tout ce qu'une détention a de cruel.—*Quels
dîners ! quels dîners !* etc.

Dupleix-de-Mezy, conseiller d'État, directeur-général des postes (Nord); il a défendu au
nom de la Patrie et de l'humanité les employés
des postes dont on voulait réduire les pensions :
ces sentimens auraient du l'animer lorsqu'il
s'agissait de notre liberté.

Dupont, le comte, gouverneur de la 4e. division militaire, lieutenant-général. Ex-ministre de la guerre, ministre d'Etat (Charente). Victime de l'arbitraire, il a gémi dans les fers à une autre époque et la loi qu'il a votée est entachée du même vice !

Dupuy, négociant (Charente); occupé sans doute des affaires de son commerce, il aura voté la loi par distraction.

Durand, négociant (Pyrénées Orientales); il parla en 1815 sur l'importation des grains et désirait qu'on encourageât le commerce maritime ; il paraît que la liberté individuelle n'inspire aucun intérêt à l'honorable député puisqu'il a voté contre.

Durand-Fajon, le baron (Hérault); en 1815, il vota avec la minorité contre la répartition de l'emprunt de cent millions ; aujourd'hui il est de la majorité qui veut nous ravir notre liberté.

Dussumier-Fonbrune, négociant (Gironde); si ses correspondans sont atteints par la loi qu'il vient de voter, le déficit qui se trouvera dans sa caisse lui en fera connaître les inconvéniens, mais il sera trop tard.

Favard de Langlade, le baron, Conseiller de la Cour de cassation, maître des requêtes (Puy-de-Dôme); étant avocat au parlement de Paris, il défendit les opprimés et montra un grand amour pour la justice ; membre du Conseil des cinq cents, il se fit remarquer par sa modération ; au tribunat il travailla aux différens codes ; vota pour avoir un empereur ; alla à son quartier général le féliciter sur ses conquêtes, et voulait qu'une médaille éternisât ses victoires et ses triomphes ; en 1817, il examina les abus qui résultaient de la liberté de la presse ; et en 1820 il a voté contre la liberté individuelle.....

Figarol, ex-chevalier, premier président de la cour royale, à Pau (Hautes-Pyrénées) ; en 1815, il a combattu le projet de loi relatif aux élections ; il ne voulait pas que l'on portât atteinte à la Charte ; en 1817, il défendit le projet de loi sur la liberté individuelle ; il vota pour le projet relatif à la liberté de la presse, qui, selon lui, concourait plus que les lois pénales, au maintien de l'ordre et de la prospérité. Quelque temps après il dit le contraire.

Floirac, le comte de, jouissant d'une retraite de maréchal de camp et d'une pension comme préfet (Hérault) ; il a parlé en 1816 sur le recrutement de l'armée ; contre le suicide que la religion réprouve et qui donne selon lui le courage qui fait suporter les grandes infortunes. Que dirait-il, si une victime de la loi qu'il vient de voter abrégeait ses jours, n'ayant pas la force de supporter les tourmens de l'arbitraire ?

Folleville, le marquis de (Calvados) ; en 1814 il a parlé sur les finances, et s'est embrouillé en voulant discuter sur l'économie et sur l'étimologie de ce mot et ses acceptions ; ses idées sur la liberté individuelle seraient-elles par hazard un peu entachées d'obscurantisme! qui vivra verra....

Forest de Quartdeville, premier président de la cour royale de Douay (Nord) ; il a voté d'après sa conscience ministérielle ; il faut le croire.

Fornier de Clauzelles (Arriège), même opinion que le précédent, avec une légère nuance d'éxagération dans sa manière de voir.

Fornier de Saint-Lary, questeur de la Chambre (Hautes Pyrénées) : il embrassa en 1789 les principes de la révolution ; député à la fédération le 14 juillet 1790; persécuté par les partisans de l'arbitraire, il fut obligé de fuir ; il a demandé que l'on encourageât l'industrie et le commerce, et cependant il a voté une loi qui peut renouveller ce dont il a eu à se plaindre.

Francoville de (Pas-de-Calais), député du tiers Etat, aux Etats-généraux, membre du corps législatif en 1809 ; en février 1814, il rédigea une adresse à l'impératrice Marie-Louise ; en 1815 il vota contre le budget, et en 1820, contre la liberté individuelle.

Froc de la Boulaye (Marne); en 1817, il vota l'adoption du projet de loi relatif à la liberté de la presse ; il la regardait comme un bienfait; en 1814, il pensait différemment et a prononcé une homélie digne du Froc; il ne faut donc pas s'étonner de son vote.

Gagneur, le chevalier, (Jura). Il a parlé sur les élections, en 1816 ; il dit qu'il n'était pas un esprit fort, et que le fantôme électoral était armé

des torches révolutionnaires. Il vota, en 1815,
avec la majorité; en 1814, avec la minorité; en
1820, il a voté contre la liberté individuellle: elle
est sans doute encore un fantôme à ses yeux.

Ganay, le marquis de, colonel de la garde
royale (Saône et Loire); il a voté par imitation.
Voyez les moutons de Panurge.

Gouïn-Moisant, vice-président de la chambre
de commerce de Tours, (Indre et Loire); il
a parlé sur les cris séditieux, sur les tabacs: il se
connait à ce qu'il paraît à la culture de cette
plante; son usage peut distraire dans la solitude.
La loi qu'il a votée augmentera peut-être la con-
sommation.

Goy, le marquis de la (Bouches-du Rhône); il
ne nous est connu que par son titre, son silence
et son vote.

Grange, comte de la, lieutenant-général;
inspecteur-général de la gendarmerie, (Gers);
la loi qu'il a votée pourra donner de l'occupation
au corps qu'il commande: chacun prêche pour
son Saint.

Halgan, (Morbihan); on dit qu'il est plein de
probité, qu'il aime la tranquillité; la loi qu'il a
votée n'est pas propre à l'entretenir dans le public, encore moins dans les familles.

Hancarderie-Poteau de (Nord); il a parlé en
faveur de la culture des tabacs; il eut voté différemment, si la liberté individuelle eût été de la
nature de cette plante.

Hardivilliers d' (Somme); son vote tient à son

opinion un peu exagérée; les Picards ont la tête chaude.

Hautefeuille, le comte d', colonel d'état-major (Calvados); il a parlé pour la liberté de la presse, sur les élections, les pétitions, le budjet de la guerre, les finances; il n'a rien dit sur la loi pour laquelle il a voté; sans doute qu'il était suffisamment éclairé.

Hay, conseiller de préfecture (Yonne'); il a parlé en faveur des vicaires, et proposé qu'on améliorât leur sort. Comme la loi qu'il a votée ne les atteindra pas, il l'a acceptée de confiance.

Héroult de Hottot, ancien conseiller au parlement de Rouen (Calvados); il a été de l'avis de ces Messieurs.

Jacquinot - de - Pampelune, maître des requêtes, procureur du roi, à Paris (Yonne); il a voté contre la liberté de la presse.—Le mal qu'elle produit est aussi prompt qu'infaillible, a-t-il dit, et en peu d'instans, le journal, à peine sorti de la presse est connu dans le palais des grands comme dans le réduit du pauvre. Pendant la terreur il défendit avec courage les suspects; en votant la loi, il veut peut être protéger encore ceux qu'elle pourra atteindre.

Josse-Beauvoir, négociant (Loire et Cher); on dit qu'il a le cœur excellent et qu'il vit dans une honorable philantropie. Comment concilier son vote avec de pareils sentimens ?....

Jumilhac, le baron de (Seine et Oise), a demandé en 1815, que les régistres de l'état civil fussent remis aux curés; il aime le bon ordre, il a voté contre la liberté....

Labriffe, le comte de, colonel des dragons de la Manche (Aube), ex-chambellan de Bonaparte; reçut une décoration de Murat, près duquel il fut envoyé en message. Autre temps, autres mœurs; il a voté contre nos libertés.

Labourdonnaye, le comte (Maine et Loire); il a parlé pour la liberté de la presse, contre l'abus du recrutement, sur les finances et les dépenses du budjet, contre la police, contre la loi des élections, ensuite contre la liberté de la presse; on le dit ami de la paix et de l'humanité. Et cependant il a voté en faveur de la loi....

· *Ladreyt de la Charrière*, (Ardèche); il est du nombre de ceux qui, pleins de confiance dans les lumières des autres, opinent du bonnet.

Lafrogne, notaire (Meurthe); il a voté de confiance, comme il signerait la minute d'un sien confrère.

Lainé, ex-ministre, et président de la chambre des députés (Gironde); il a parlé pour et contre les mêmes lois à diverses époques, et a montré une rare flexibilité de talent. Ainsi il chante la palinodie.

Lascours, le marquis de; il vota en 1815, avec la majorité; celle de 1820 rivalisera sans doute avec elle : que de douceur nous promet l'avenir, grâce au vote de M. le marquis (Tarn).

Lastours, le baron de; il n'existe pas une grande différence entre les deux noms; au reste un baron peut bien voter comme un marquis ; et c'est ce qu'il a fait (Gard).

Laval, ex juge de paix (Dordogne) ; lorsqu'il exerçait ses fonctions il prononçait d'après l'avis de ses assesseurs ; il paraît que l'opinion des autres dirige encore la sienne.

Lejollis de Villiers, conseiller de préfecture (Manche), est de l'avis de ses amis du ventre, et il vote comme eux.

Lemarchand de Gomicourt (Somme) ; il fut du conseil des Cinq-Cents en 1795. Etait autrefois l'ennemi déclaré des partisans de l'arbitraire qu'il signalait comme des loups ; sont-ils donc devenus des moutons à ses yeux ?

Lezay Marnézia, le comte de, préfet du Rhône, a parlé sur le monopole des tabacs, et n'a rien dit sur la loi pour laquelle il a voté ; il est vrai que cela ne touche que les individus, et aux yeux de certaines gens, les hommes ne valent pas une pipe de tabac (Lot).

Limairac, de (Haute-Garonne) ; il a parlé sur le recrutement de l'armée et n'a rien dit sur celui des prisons.

Lizot, juge de paix (Eure) ; il a été persécuté, a combattu des opinions qui paraissaient conformes à ses principes, a parlé en faveur des élections et de la liberté de la presse, et s'est encore montré un peu en contradiction avec lui-même ; en votant a-t-il rien fait de ce qu'il voulait ?

Maccharty, maréchal de camp (Drôme) ; il a défendu les intérêts du clergé ; a parlé contre la liberté de la presse, contre le budjet; il vote la loi.

Magneval, négociant (Rhône); il a parlé des troubles de Lyon; il a plaint le sort de ceux qu'on avait persécutés par des mesures arbitraires, et cependant il a voté avec les ministériels.

Maine de Biran, le chevalier, conseiller d'Etat (Dordogne); il félicita Bonaparte sur ses conquêtes, encourut sa disgrâce, parla en faveur des hommes de lettres; se prononça contre la loi des élections, d'après la proposition faite à la Chambre des Pairs; il a voté contre nos libertés.

Marcellus, comte de (Gironde.); il semble avoir pris Jérémie pour patron et pour modèle, et si ce saint prophète revenait de mort à vie et qu'il voulût changer de nom, on lui dirait : *tu Marcellus eris.*

Mestadier, avocat général à la cour de Limoges (Haute-Vienne); il a parlé contre la liberté de la presse, pour la loi relative aux cris séditieux; il regardait la Charte comme l'ancre du salut, à laquelle on devait se cramponner, et il vote aujourd'hui pour les atteintes qu'on lui porte.

Montaignac, le marquis de, (Puy-de-Dôme); il siège et il vote; que Dieu lui soit en aide.

Montcalm le marquis de, colonel de la légion de l'Hérault (Hérault); il porte un nom illustré en Canada; il a parlé contre la loi des élections; il voulut faire le procès à Démosthène et à Cicéron, mais il perdit sa cause; il montra un peu de versabilité dans ses principes et fut pour et contre. Pourquoi a-t-il montré de la constance à l'époque de son dernier vote ? Est-il bien certain qu'il ne se soit pas trompé ?

Morgan de Belloy, le baron, (Somme) ; il a parlé sur les douanes et sur les finances ; il a dit qu'il fallait craindre de trop froisser les intérêts des particuliers, afin de ménager leurs fortunes ; est-ce que la liberté individuelle n'est pas au-dessus de l'argent, et il a voté cette loi sans souffler un mot.

Morisset, le baron, inspecteur des forêts, (Deux-Sévres) ; li a complimenté Bonaparte à une certaine époque ; attaqua le budjet en 1814. En 1816, il voulut parler pour et contre la liberté de la presse et fit rire ses collègues, en annonçant que c'était une escobarderie. Il parla en faveur de l'avancement militaire, lorsqu'on pensait qu'il allait faire tout le contraire. Il a peut être voté pour, avec l'intention de voter contre ; il nous donnera quelque jour le mot de sa conduite énigmatique.

Mortarieu, baron, (Haute-Garonne) ; proscrit en 1793, il l'a oublié, ou il veut que chacun ait son tour. Il a voté.

Mousnier-Buisson (Haute-Vienne) ; il a parlé en faveur des émigrés en 1817, mais d'une manière un peu inintelligible ; il s'est prononcé contre la liberté de la presse, et par suite contre la liberté individuelle.

Orglandes, le comte d' (Orne), inspecteur des gardes nationales. Le silence qu'il a gardé jusqu'à ce moment prouve qu'il est de l'avis de ceux dont il partage l'opinion et qui l'émettent hautement à la tribune, et il vote.

Paillot de Loynes, sous-préfet à Arcis-sur-Aube (Aube); il vota avec la minorité en 1815, et avec la majorité en 1816; il a parlé sur les finances et sur les dangers des spéculations de la bourse sur les effets publics; il a voté sans penser aux suites funestes que peut avoir la loi: puissions-nous être dans l'erreur, nous ne formons pas d'autres vœux!

Pasquier, le baron, ministre des affaires étrangères (Seine); il a été successivement sous Bonaparte maître des requêtes, procureur général du conseil du sceau des titres, baron, officier de la Légion-d'Honneur, préfet de police, et enfermé à la Force par le général Mallet. Lors du premier retour du Roi, il fut nommé conseiller d'Etat, directeur-général des ponts et chaussées; sans fonctions pendant les cent jours, au second retour du Roi, il fut nommé ministre secrétaire d'Etat de la justice, garde des sceaux, grand cordon de la Légion-d'Honneur, membre du conseil privé, membre de la chambre des Députés en 1815. Il fut rapporteur de la loi relative aux cris séditieux et vota pour l'adoption sans amendement de la loi d'amnistie. Réélu au corps législatif en 1816, il se montra très-zélé pour seconder les projets des ministres; fut nommé une seconde fois garde-des-sceaux. En 1817, il présenta à la Chambre un projet de loi contre la liberté de la presse ; il a parlé sur les finances ; en un mot sur toutes les parties de l'administration , avec un esprit , une flexibilité , de talent et une sagacité qu'il a sans doute perfectionnés par les connaissances qu'il a acquises en occupant les emplois les plus éminens. Il a encore été le rapporteur des lois sur la liberté de la presse et sur la liberté individuelle ; s'il n'a pas répondu d'une manière tout-à-fait victorieuse aux objections qu'on lui a faites , il a montré une assurance et une fermeté peu communes. On ne peut s'empêcher de convenir que dans toutes ces discussions il a mis une certaine urbanité par fois assez rare , et qu'il a eu en outre le talent d'enmieller les bord du vase.

Perceval de , intendant militaire (Indre et Loire). Nous le croyons meilleur administrateur que législateur , mais son vote est peut être tout ce qu'on exige de lui ; ne soyons pas plus exigeans que ceux dont il reçoit le mot d'ordre.

Pontet de , (Gironde) ; il paraît être l'ami de la paix et du silence, mais il a voté contre la liberté.

Portal le baron , ministre de la Marine (Tarn-et-Garonne) ; il a parlé de l'abolition de la traite des nègres et dit à la Chambre que c'était avec des hommes libres que la France voulait suivre la culture du Sénégal ; pourquoi n'a-t-il pas la même opinion lorsqu'il s'agit de la Métropole.

Poyféré-de-Cère, le baron, préfet des Deux-Sèvres (Landes) ; il parle assez souvent à la

Chambre ; il est très-laconique ; ses discours se bornent à quelques mots, qui ne laissent pas que d'être très-éloquens, ce sont : *oui*, *non*, *ah ! bravo* ; il s'est appliqué plus particulièrement à l'éducation des moutons, dits *mérinos*, et prit pendant long-temps le titre de berger impérial ; plus sévère et d'un caractère moins doux et moins pacifique que ses élèves, il peut être regardé comme le grand pénitencier des journalistes qu'il a fait réléguer dans un coin de la chambre, et c'est peut être par suite de ses goûts pour les bergeries, qu'il a voté la loi sur la liberté individuelle, afin de nous parquer comme ses mérinos.

Puymaurin de Marcassus, le baron de (Haute-Garonne). Directeur de la Monnaie, il a parlé en faveur des élèves des Ecoles Chrétiennes, contre la liberté de la presse et pour les Suisses : le reste des Français est bon à incarcérer !

Rastignac, le marquis de, (Lot) ; il a servi en Russie ; l'empereur Alexandre a donné la liberté à ses sujets, et M. le marquis vote contre la nôtre ; il ne sait pas profiter des bons exemples.

Ravez, président de la Chambre des Députés (Gironde). En 1791, il défendit les prêtres ; en 1793, il s'opposa aux lois arbitraires ; en 1816, il disait, d'après le Roi, trop d'agitations ont malheureusement troublé la France ; elle a besoin de repos... Il défendit en 1816, le projet de loi sur la liberté individuelle ; en 1817, il parla en faveur de la liberté de la presse, sage et modérée telle qu'elle est accordée par la Charte ; aujourd'hui il a voté le contraire.

Richard jeune, conseiller de préfecture (Loire-Inférieure) ; il a parlé sur les élections, sur le transit d'Alsace, relatif aux denrées coloniales, sur le commerce maritime, qu'il faut étendre selon lui, mais il a voté pour restreindre la liberté individuelle.

Rivière, procureur général à Agen (Lot et Garonne), rapporteur du concordat ; la religion recommande, à ce que nous croyons, l'amour pour son prochain. Ceux que frappera la loi n'en font pas partie.

Rolland (Bouches-du-Rhône), ancien employé dans les subsistances militaires ; il vote et fait ombre au tableau.

Rouchon, avocat-général près la Cour de Lyon (Ardèche), au conseil des Cinq-Cents en 1795 ; il parla contre les élections ; en 1798, il condamna la révolution du 18 fructidor. Il défendit les proscrits avec courage et énergie. Ennemi de l'arbitraire il voulut lui ravir ses victimes et il y parvint ; pourquoi ne pense-t-il pas de même en 1820 lorsqu'il s'agit de nos libertés ?

Roy, ministre des finances (Seine) ; il a défendu les proscrits en 1795, il résista à l'oppression étayée du pouvoir suprême, il montra de la faiblesse en 1815 ; il a parlé sur les finances en homme instruit, et versé dans cette partie essentielle de l'administration publique, il est malheureux que la loi pour laquelle il a voté n'en ressorte pas essentiellement.

Ruinard de Brimont, négociant (Marne) ; nous savons que l'honorable Député existe, il a voté.

Saint-Aulaire, le comte de (Gard); il a parlé en faveur de la religion, sur les finances, et sur le respect qu'on doit à la Charte; cependant il a voté.

Saint-Cricq, le baron de, directeur général des Douanes, conseiller d'État (Seine et Marne); il a parlé sur la contrebande, sur l'avancement dans l'armée ; sa logique manque parfois de solidité ; il a combattu la proposition faite sur les élections, par la Chambre des pairs : il craignait l'avenir ; la loi qu'il a votée le rassure sans doute.

Sairas (Bouches-du-Rhône) ; son nom figure sur la liste des membres de la Chambre ; il met une boule blanche ou une boule noire dans l'urne, *ad libitum*.

Salis, le baron de, général en retraite (Ardennes) ; il a parlé sur le budget, il fit des reproches aux ministres, a trouvé que l'occupation de la France par les alliés était plus pénible qu'humiliante. Que pense-t-il donc de la loi qu'il a votée?

Serre (de), ministre de la justice, ex-président de la Chambre des Députés, absent pour cause de santé (Haut-Rhin).

Siméon, comte, ministre de l'intérieur, conseiller d'État (Var); il a présenté les diférentes lois à la Chambre des Députés; or il les a doublement votées.

Simon, négociant (Moselle); il est membre de la Chambre des Députés, c'est tout ce que nous en savons, et nous ménagerons sa modestie. Il a voté avec le centre.

Usquin (Seine-et-Oise); nous croyons qu'il a parlé, mais nous sommes certains qu'il a voté pour la loi.

Villefranche le marquis de, (Yonne); il a parlé contre l'avancement dans l'armée. Il a voté avec les ministériels.

Villèle, ex-maire de Toulouse (Haute-Garonne); il a parlé sur les finances, sur les élections, sur le budjet, sur la liberté individuelle, sur la liberté de la presse qui lui présentait des avantages et des dangers plus grands encore; il discuta la loi sur le recrutement, sur les finances. La chaleur du midi l'entraîna, et souvent avec les meilleures intentions et beaucoup de talens on s'égare. Il a voté en faveur de la loi.

Wendel de, ex inspecteur des gardes nationales (Moselle); il tient sa place, représente son département, lit les procès-verbaux des finances en sa qualité de secrétaire, et il vote; que faut-il de plus!

LISTE

DES DÉPUTÉS

Qui ont voté contre le projet de Loi sur la liberté individuelle.

MM.

Admirauld (Charente Inférieure). En 1814, il prononça un discours sur les douanes, dans lequel il indiquait les moyens d'augmenter la prospérité publique. En 1816, il vota pour un projet de finances dont les résultats devaient être favorables : il proposa d'encourager le commerce maritime ; et dans une autre circonstance, de mettre en circulation les fonds de réserve de la banque. Tous ses discours renferment des vérités utiles. Il a voté contre la loi.

Alphonse le baron d', (Allier) ; il s'est constamment montré l'ami des principes et l'un des défenseurs les plus zélés de la Charte, et il le prouve.

Bastarèche (Basses-Pyrénées), fidèle à ses devoirs et à la Charte, elle est la règle de sa conduite et de son opinion.

Beauséjour (Charente inférieure) ; il justifie la confiance de ses commettans par sa sagesse et ses principes. Il veut maintenir nos libertés.

Bedoch, (Corrèze); il défend avec éloquence et fermeté les intérêts et les droits du peuple, consacrés par la Charte.

Benjamain-Constant, (Sarthe); ce département s'est honoré en lui donnant son suffrage; sa réputation s'accroît chaque jour, et les discours qu'il a prononcés depuis quelque temps, le placent à côté de nos meilleurs publicistes, et de nos plus grands orateurs.

Beslay, (Côtes du Nord); il est l'ami du gouvernement, il veut sa gloire et son bonheur.

Bignon, le baron, (Eure); défenseur zélé et éclairé de nos libertés, il a toujours parlé avec autant de talent que de sagacité, et il s'est opposé avec courage à tout ce qui peut rétablir l'arbitraire.

Bogne Defaye, (Nièvre); il a parlé en 1819 en faveur du droit de pétition, qui seul peut éclairer le gouvernement sur ceux qui prévariquent; il a donné son opinion sur le budjet, et tout ce qu'il a dit, honore son cœur et ses principes.

Boin, (Cher); il a parlé sur la liberté de la presse, sur les élections, les finances, sur le monopole du tabac, et ses raisonnemens basés sur la justice, la raison, et les principes qui émanent de la Charte font honneur à son patriotisme éclairé et à son cœur.

Bondy, le comte de, (Indre); il a pris part à différentes discussions qui honorent son caractère, sa franchise et sa sagacité.

Brackenoffer, (Bas-Rhin); ami de la Charte

et des droits du peuple qu'elle consacre, il a voté pour leur maintien.

Brigode, le baron de, (Nord); il a parlé en faveur de la navigation intérieure, contre le monopole du tabac qu'il regarde comme une spoliation, il a défendu le projet de loi sur le recrutement, il déplorait l'occupation de la France par les étrangers; il a toujours voté d'après ses principes; il est l'ami de notre gloire, et le soutien de nos libertés.

Brune de Villeret, le baron, (Lozère); il proposa, en 1818, de s'occuper du code rural, il appuya le projet de recrutement de l'armée, et il défendit ses différens articles par des raisonnemens sages, et qui annonçaient qu'il y avait mûrement réfléchi. Il discuta le budjet du ministre de la guerre en administrateur éclairé et pénétré de cette manière de voir et de penser; il est le défenseur de la Charte et de ses bienfaits.

Burelle, (Allier); il vota d'après son cœur et sa conscience; il est guidé par une opinion qui l'honore, et le range au nombre des partisans de la Charte et du gouvernement constitutionnel.

Busson (Eure et Loire); il se fait remarquer par une opinion sage, modérée, que lui inspire l'amour de son pays, de sa gloire et de son bonheur.

Cabanon (Seine-Inférieure); il est le partisan de tout ce qui peut assurer le maintien des droits assurés par la Charte, et avec de tels principes, il est difficile de s'égarer et de ne pas remplir ses devoirs comme homme d'Etat et comme simple citoyen.

Camille Jordan (Ain); député au conseil des Anciens, il combattit les ennemis du bon ordre, il fut persécuté; il a parlé pour la liberté de la presse et contre ses abus, il a défendu le projet de loi sur la formation de l'armée et l'avancement; guidé dans son opinion, par l'amour de la patrie, il désire assurer le maintien des institutions qui consolideront son bonheur.

Cassaignoles, président de la cour royale de Nimes (Gers). En 1818, il parla sur la repression des écrits séditieux, en homme sage et éclairé; en 1819, il fit un rapport sur la liberté de la presse, et son discours, aussi bien pensé que bien écrit, offrait les moyens de la conserver, tout en prévenant les abus qui pourraient en résulter; son opinion est le résultat de ses principes.

Caumartin (Côte-d'Or); en 1817, il parla en faveur de la liberté de la presse, et combattit ses adversaires avec des raisonnemens aussi puissans que victorieux; il discuta le projet de loi sur le recrutement, et dans toutes les circonstances, il a fait preuve d'esprit, montré des connaissances, et proclamé des vérités utiles.

Chabaud Latour le baron (Gard); ami de la liberté, sage et modérée; il fut persécuté, condamné à mort par un tribunal sanguinaire, et fut assez heureux pour se soustraire à l'échafaud. Rentré en France, il fut député aux Cinq Cents, et il parla en faveur du bien public. Membre de la commission législative, en l'an 8, il fit preuve de vastes connaissances en législation et en po=

litique. En 1814, il travailla à la rédaction de la Charte ; par son esprit et ses qualités morales, il a su se concilier et mériter l'estime et l'amour de ses concitoyens.

Charlemagne (Indre) ; il aime la France et la Charte, et le prouve par la sagesse de ses opinions.

Chauvelin le marquis de, (Côte d'Or) ; il a constamment parlé en faveur de tous les projets de loi qui peuvent assurer le bonheur de la France et le maintien de ses lois constitutionnelles ; et c'est d'après cette opinion qu'on le voit toujours en première ligne pour défendre la Charte, nos droits et nos libertés.

Clément (Doubs) ; il est l'ami des principes et de la Charte, et vote dans ce sens.

Corcelles de, (Rhône); il a été victime de l'arbitraire, à une certaine époque, il s'oppose de tout son pouvoir, avec autant d'énergie que d'éloquence, à tout ce qui pourrait le faire revivre ; il aime sa patrie, la Charte, et veut le bonheur qu'elle nous a promis.

Daunou (Finistère); il fut proscrit en 1793, est aussi bon littérateur que publiciste profond et éclairé ; il l'a prouvé dans toutes les discussions où il a élevé la voix. La Charte et la France n'ont pas d'ami plus sincère, de meilleur défenseur et de plus ferme soutien.

Delaitre le baron, (Seine et Oise) ; il a toujours fait preuve de talens, et n'a jamais varié dans sa conduite ni dans son opinion. Il a pris pour règle des principes de sagesse, de philantropie qui l'honorent, et le placent au nombre des fidèles soutiens de la Charte ; il s'oppose de tout son pouvoir à ce que l'on touche à ce palladium de la France.

Delaroche, négociant (Loire Inférieure) ; il pense bien, agit de même, son opinion le prouve, et le bonheur de la France est l'objet de ses vœux.

Delaunay (Mayenne). Il professe des principes et un opinion qui le rangent dans la classe de ceux qui ont droit à la reconnaissance des amis de la Charte et de nos libertés.

Delessert, Benjamin, (Seine) ; son nom figure à la tête des fondateurs, ou des directeurs de tous les établissemens publics qui ont pour but la philantropie et l'amour de l'humanité ; partisan des maximes de sagesse, d'ordre social et de morale qui assurent la stabilité des empires, et le bonheur du peuple, il sait joindre l'exemple au précepte et c'est l'opinion qu'il a professée hautement toutes les fois qu'il a porté la parole. En parlant de monumens publics qui décorent la Capitale, il disait, que la statue d'Henri IV retracerait à nos neveux la mémoire du meilleur des Rois ; la fontaine de la Bastille, la haine des Français contre les détentions arbitraires. L'honorable Député la partage cette haine, aussi a-t-il voté contre la loi.

Demarcay, général (Vienne) ; après avoir défendu les droits du peuple de son épée, il les protège à la tribune par son éloquence, aidé de la sagesse, de la raison et de cette logique pressante et ferme, qui constitue le véritable homme d'Etat, pensant d'après son honneur et sa conscience. La Charte et la France n'ont pas d'ami plus sincère et plus dévoué.

Desbordes-Borgnis (Finistère); il justifie la confiance que lui a accordé son département, pour sa sagesse et la loyauté de ses principes.

Devaux (Cher); ami sincère de la Charte et des droits du peuple, il suit, sans s'en écarter, la marche qu'il s'est tracée.

Doublat (Vosges); s'il laisse à des orateurs plus exercés l'honorable tâche de parler à la tribune en faveur de nos libertés, il partage leurs sentimens, et son vote en est la preuve.

Dumeilet, Maire, (Eure); il a parlé sur le recrutement, sur les dépenses départementales, les réductions à faire sur le traitement des préfets; il proposa un règlement sur les pétitions; il fit des observations sur la liberté de la presse, qu'il regarde comme nécessaire, et il traita ces différentes matières avec sagacité, et en homme qui veut le bonheur de sa patrie.

Dupont (Eure); dans toutes les circonstances où l'on a voulu porter atteinte à la Charte, aux droits du peuple, et à nos libertés, l'honorable député a développé un courage, une éloquence, une énergie qu'on ne peut trop admirer; tout ce qui tient au gouvernement, à la législation, aux finances paraît être de son ressort, et il en parle avec une profondeur de raisonnement qui force ses adversaires au silence.

Egonieres (Vendée) ; il professe une opinion digne de son caractère et des sages institutions dont il veut le maintien.

Fabre (Morbihan) ; il a des talens , de vastes connaissances en politique, en législation , et il n'en fait usage que pour défendre les droits du peuple et la Charte des atteintes de l'arbitraire ; ses efforts constans pour faire triompher les principes d'une sage liberté , lui assurent l'estime et la reconnaissance des Français.

Fallatieu (Vosges) ; il a voté la loi sur les douanes comme très - avantageuse pour la France ; il en est de même pour tout ce qui tient à nos libertés , et cette opinion fait l'éloge de son caractère.

Faure (Charente-Inférieure) ; ami de la Charte qui seule peut garantir les institutions les plus sages , il la soutient de tout son pouvoir.

Foy , le comte , général (Aisne) ; il a brillé au premier rang des braves dans nos armées , par son courage et ses talens; il ne s'est pas moins distingué à la tribune par sa mâle éloquence et son énergie. Lorsqu'il a fallu défendre nos droits et ceux de ses compagnons d'armes , il s'est placé à côté de nos plus grands orateurs; on pouvait croire d'après ses premiers pas dans la carrière , qu'il serait bientôt à leur tête ; pourquoi faut il que nous puissions lui dire avec un de nos grands poètes, *qui depuis... mais alors...*

Fradin (Vienne); il s'est placé près de ceux dont il partage les nobles pensées, et tout nous porte à croire qu'il leur sera fidèle.

Français de Nantes, le comte, (Isère); il a des talens, de l'énergie, ils nous garantissent ses opinions, et nous ne le verrons point quitter les rangs des amis de la Charte, des défenseurs de nos droits et de nos libertés.

Frémicourt, ex-maire de Cambray (Nord); il est digne de représenter un département connu par son énergie et sa fidélité, et il soutient avec fermeté, mais sans ostentation, les droits de ses commettans.

Ganilh (Cantal); il a parlé avec discernement sur l'amnistie proposée par les ministres. En 1815, il a voté en faveur de la liberté de la presse. En 1816, il a montré des connaissances étendues lors de la discussion sur les finances. Ennemi des mesures arbitraires, il les repousse avec force et remplit un devoir sacré.

Girardin, le comte de, (Seine-Inférieure); il paraît avoir adopté une opinion qui honore son caractère et ses talens. Il s'est prononcé de manière à faire penser qu'il ne variera pas, quoiqu'en disent certaines gens.

Girod de l'Ain (Ain); il a des connaissances en législation, en finances. Il paraît qu'il n'ignore pas quels sont les droits du peuple, car il s'est rangé parmi ses défenseurs.

Gossuin (Nord); il a été membre de plusieurs assemblées; il est plus à même qu'un autre de connaître combien il importe de se prémunir contre l'arbitraire ; il a voté selon son opinion.

Grammont de (Haute-Saône) ; il a voté pour le maintien de nos libertés, nous nous attendions à cette noble conduite.

Grenier, le comte (Moselle) ; il s'est distingué, comme général, par sa bravoure, ses talens, sa franchise et sa loyauté ; comme député, il mérite les mêmes éloges et nous ne sommes que l'organe de tous ceux qui le connaissent.

Guilhem (Finistère) ; il a parlé sur l'importation des grains, il a voté le budjet du ministre de la marine, en demandant qu'on encourageât le commerce maritime, et il a rejeté la loi contre la liberté individuelle, qui porterait le coup le plus funeste au bonheur particulier et à la prospérité de la France.

Guitard (Cantal); il jouit de la confiance de ses concitoyens et il la mérite ; sa conduite le prouve et l'opinion qu'il professe en est encore le garant le plus sûr.

Hardouin, avocat (Sarthe); modeste et sans prétentions, il a des connaissances très-étendues en législation, un jugement sain, et la manière dont il a voté, vient à l'appui de ce que nous avançons.

Harlé (Pas-de-Calais) ; ami de la Charte, il soutient les droits qu'elle nous garantit.

Hernoux (Côte-d'Or); il a parlé en faveur de la liberté de la presse, avec talent, avec énergie, et il veut que nous jouissions aussi de cette liberté,

le premier des biens garanti par la Charte, dic-
tée par la sagesse et qui honore les lumières de
son auguste auteur.

Jard-Panvillers, le baron (Deux-Sèvres). En
1795, au Conseil des Cinq-Cents, il prit la dé-
fense des opprimés, demanda la révocation d'une
loi qui pouvait être considérée comme arbitraire,
il s'opposa à celle des ôtages ; il a professé depuis
les mêmes principes ; législateur éclairé et profond il joint à ses connaissances une opinion qui
l'honore et qu'il soutient avec autant de franchise
que de sagesse.

Jobez (Jura) ; ami des siences qu'il cultive
avec soin, du commerce et de l'industrie, dont
il cherche à étendre et multiplier les bienfaits, il
a déployé dans la discussion des diverses lois présentées à la Chambre, une fermeté, une éloquence, une profondeur de raisonnement qui
ont prouvé que la législation ne lui est point étran-
gère, qu'il connait les droits et les intérêts du
peuple et qu'il est un de leurs plus zélés défenseurs.

Kératry, (Finistère) ; il a parlé sur les élections,
sur la liberté de la presse, sur les finances et
sur les differentes lois présentées à la Chambre.
Ses discours et les écrits qu'il publie chaque jour
sont tous dictés par une philantropie sage,
éclairée, un amour constant de l'humanité. La
force des raisonnemens qu'il emploie d'une manière victorieuse, réduit ses adversaires au silence, et l'honorable député en voulant défendre
la Charte des atteintes qu'on veut lui porter et

faire triompher la cause et les droits du peuple, justifie la haute opinion qu'on avait déjà de la sagesse de ses principes.

Il est membre du conseil central d'administration en faveur des citoyens qui seront victimes de la mesure d'exception sur la liberté individuelle.

Labbey de Pompierres, (Aisne); il a suivi avec honneur la carrière des armes, et il défend avec la même fermeté et les mêmes principes les droits du peuple pour lequel il a exposé sa vie.

Lafayette, le lieut.-général de , (Sarthe); il est peu d'hommes qui aient fourni une carrière aussi honorable, avec autant de gloire, de distinction et de courage. Dans sa jeunesse, il aida Waghinston à fonder la liberté américaine; marchant sur les traces de son illustre ami, guidé par ses exemples et le prenant pour modèle, il s'exposa, il sacrifia sa personne et sa vie pour la liberté de sa patrie; à la tribune, à la tête des armées, dans les fers, son noble caractère ne s'est point démenti; on peut dire de lui: *fortis et tenacem*. Aujourd'hui nous voyons encore le vétéran de la gloire, de la sagesse et de la vertu, se placer sur la brèche et soutenir de tout son pouvoir, nos institutions et nos libertés civiles et privées. Il peut dire, et nous répéterons avec lui:

Exegi monumentum ære perennius.

Il est membre du conseil central d'administration en faveur des citoyens qui seront victimes de la mesure d'exception sur la liberté individuelle.

Lafitte, le chevalier , (Seine); cet honorable

député ne s'est pas moins distingué que son illustre ami, dont nous avons esquissé l'éloge.
Dans toutes les circonstances, il a prodigué sa
fortune et fait usage de son crédit pour soutenir
celui de l'Etat qui pouvait chanceler dans des
momens de crises, et le succès a couronné ses
constans et louables efforts. La philantropie,
l'amour de la patrie et de l'humanité forment la
base de son caractère; jamais le malheur et l'in-
fortune ne l'ont imploré envain, il semble avoir
pris pour devise :

Homo sum, nihil humani me alienum puàto.

Il est un des plus zélés défenseurs de la Charte
et de nos libertés.

*Il est membre du conseil central d'administration en faveur des
citoyens qui seront victimes de la mesure d'exception sur la liberté
individuelle.*

Laisné de Villevesque, (Loiret); il a parlé
sur la législation, la liberté de la presse, le budjet
de la marine, sur le monopole des tabacs, les
élections; et dans toutes ces discussions il a développé une sagesse de principes, une force de
raisonnemens si purs, présentés avec tant d'éloquence et de clarté, et s'est montré tellement
l'ami et le défenseur de nos droits et de nos institutions, qu'il s'est assuré des droits éternels
à la reconnaissance et à l'estime des Français.

Lambrechts, comte (Bas-Rhin); jurisconsulte
éclairé, auteur de plusieurs ouvrages qui font
autant de l'éloge de son esprit que de son cœur,
il a constament marché dans la route que lui tra-

cent l'honneur, la sagesse et l'amour qu'il porte à sa patrie adoptive, dont il soutient la gloire et les droits.

Lecarlier, (Aisne); s'il n'a pas brillé à la tribune, ses principes et son opinion invariables en faveur de la Charte et de nos libertés ne le rendent pas moins recommandable et digne de l'estime de ceux qui comme lui voient la Patrie avant tout.

Legraverend, chevalier le, (Ille-et-Vilaine) ; il a parlé sur les élections et sur les finances ; on a vu que ses discours sont dictés et inspirés par des principes purs, amis de la sagesse et qui n'ont d'autre but que le bonheur et la prospérité de la France, dont l'honorable membre défend les droits avec autant de franchise que de talent.

Lepescheux, (Mayenne). C'est un de ces hommes qui honorent toujours leur Patrie par la sagesse de leurs principes et l'intérêt constant qu'il prennent à son bonheur.

Louis, ex-ministre des finances (Seine-et-Oise); il a prouvé dans toutes les discussions sur les finances, qu'il avait approfondi cette source première de la prospérité publique; les plans qu'il a proposé, viennent à l'appui de cette assertion, et l'opinion qu'il professe ajoute encore à la haute idée qu'on avait déjà conçue de la sagesse de ses principes.

Leseigneur (Seine-Inférieure); son discours sur la liberté individuelle prouve que l'honorable membre est aussi bon orateur que bon citoyen.

Manuel (Vendée); il a brillé dans toutes les

discussions qui ont eu lieu à la chambre, a parlé sur les différentes propositions, avec une chaleur, une profondeur de raisonnement, une sagacité, une vérité de principes qui le rendent digne de marcher de près sur les traces de l'aigle de l'assemblée constituante, dont il a plusieurs fois invoqué l'autorité et cité les paroles énergiques. La patrie, la Charte et nos droits applaudissent à ses efforts et à son courage.

Martin-de Gray, le baron, (Haute-Saône); éloquent, sage, philosophe éclairé, sa seule passion est l'amour de la patrie et de ses semblables. Il est malheureux, il est à regretter que ses forces physiques ne répondent pas à celles de son âme; elle est devorée de la passion du bien public.

Méchin, le baron ex-préfet (Aisne). La tâche que nous nous sommes imposée devient de plus en plus difficile. L'éloge que nous avons fait, plus haut, de ses honorables collègues, lui conviendrait à quelques nuances près; c'est la même sagesse, la même éloquence, les mêmes principes présentés sous une autre forme, mais aussi respectable et voulant arriver au même but.

Ménager, négociant (Seine et Marne); il suit l'impulsion de son cœur, de sa conscience; il ne veut, ne désire que le bonheur des Français et le maintien de leurs droits consacrés par la Charte.

Moyzen (Lot); cet honorable député répond

à la confiance de ses commettans, en votant pour les institutions qui seules peuvent garantir leurs droits et nos libertés.

Néel, (Côtes-du-Nord). Persuadé que la Charte est le palladium de la France, il l'a défend, et vote contre les atteintes qu'on voudrait lui porter.

Paccard (Saône-et-Loire); Député aux états généraux, il fut proscrit et persécuté. En 1817, il parla en faveur de la liberté de la presse, sur les finances, et sur la loi des élections dont il désire le maintien. Ses principes, et la manière dont il les soutient, font l'éloge de son cœur et de ses talens.

Paillard-dur-Cairet (Mayenne); il honore le caractère public dont il est revêtu, et le sien en particulier, par la sagesse de ses principes et son amour pour le bien public.

Perreau-de Magnies (Vendée). Si les intentions les plus pures, et le jugement le plus sain, peuvent recommander un homme, à l'estime générale, personne n'y a plus de droits que cet honorable Député.

Perrier Alexandre (Loiret). L'éloge, aussi juste que mérité que nous allons faire de son frère, peut lui être appliqué.

Perrier Casimir (Seine); il a écrit et parlé avec esprit sur les finances, et c'est un grand talent, d'avoir su intéresser en traitant un sujet aussi aride et aussi abstrait: l'on reconnait un homme qui a étudié à fond cette partie qui est le fondement et la base de la prospérité publique. Il a parlé sur la liberté de la presse, et développé de vastes connaissances dans toutes les discussions auxquelles il a pris part. A ces qualités il réunit celles du cœur; il est bon, sensible, genéreux, aime sa patrie, désire son bonheur et le maintien de ses droits.

Il est membre du conseil central d'administration en faveur des citoyens qui seront victimes de la mesure d'exception sur la liberté individuelle.

Picot-Desormeaux (Sarthe); maire de sa commune, il en était le père; membre de la Chambre des députés, il voit dans les Français une grande famille dont il s'honore de faire partie.

Popule (Loire); il est digne de la confiance de ses commettans et la justifie par son amour pour le bien public.

Ramolino (Corse); il ne brille pas à la tribune; il a cette opinion sage, ce jugement sain avec lesquels on ne s'égare jamais et qui le mettent à même de discerner l'arbitraire et de lui refuser son suffrage.

Rodet (Ain); il a parlé sur les finances en homme instruit; il a proclamé des vérités, présenté des vues utiles et nouvelles dont on pourrait profiter. Il aime la Charte et nos droits, et les soutient.

Rolland, conseiller à la cour royale de Metz (Moselle); jurisconsulte éclairé, il connait les bienfaits de la Charte, il sait les apprécier. C'est d'après la conviction intime que notre bonheur y est attaché, qu'il régle son opinion et qu'il la proclame hautement.

Royer-Collard, conseiller d'Etat (Marne) ; ennemi de tout ce qui tient aux factions et à l'arbitraire, il fut vivre dans la retraite à l'époque où l'effervescence de la révolution, troublait toutes les têtes et la société. En 1797, il parla au conseil des Cinq Cents en faveur des proscrits, en invoquant la justice. Professeur de philosophie, il prouva par ses discours que ses principes étaient dans son cœur; membre de la Chambre des députés, en 1815, il vota pour les mesures de douceur, au nom de l'humanité. Il défendit la loi sur les élections, s'opposa à l'établissement des mesures arbitraires ; parla sur la liberté de la presse, sur le recrutement, le fit avec éloquence; il y joignit une force de raisonnement basée sur les principes de la sagesse et de l'amour du bien public qui l'ont constamment animé ; on reconnaît, dans tout ce qu'il a dit, un ami sincère de la Charte et des institutions qu'elle garantit.

Ruperou, conseiller à la cour de cassation, (Côte du Nord). Il trouve dans son cœur et dans les devoirs que lui imposent le caractère dont il est revêtu, un guide certain de son opinion, et ne croit pas qu'on l'accuse d'avoir jamais oublié ce qu'il doit à sa patrie et à lui-même.

Saglio-Florent, (Bas-Rhin); doué d'un sens droit, d'un jugement sain ; il en fait usage pour soutenir et défendre la Charte et les intérêts sacrés du peuple qu'elle garantit.

Saint-Aignan de, préfet des côtes du Nord,

(Loire-Infér.) ; il se montre digne des fonctions auxquelles il a été appelé. Il connaît les institutions qui peuvent assurer le bonheur de la France : il cherche à les maintenir et à les garantir de l'arbitraire.

Sapey, avocat (Isère). Ce qu'il a dit dans diverses occasions porte l'empreinte d'une âme forte et d'un beau caractère. L'opinion qu'il professe prouve qu'il est l'ami des principes et du bien public.

Saulnier (Meuse). Il a occupé plusieurs emplois où il a fait preuve de talens. Sa conduite et son opinion comme député justifient la haute idée qu'on avait conçue de lui.

Savoye-Rollin, le baron, (Isère) ; il a occupé plusieurs préfectures. En 1815, il a parlé avec sagesse et discernement sur la liberté de la presse. Persuadé que la Charte et nos libertés doivent nous prémunir contre tous les événemens qui pourraient troubler notre bonheur et notre tranquillité, il repousse l'arbitraire.

Sébastiani, le comte de, général (Corse), il s'est distingué en Egypte, en Allemagne, en Espagne, en Russie ; il a rempli plusieurs missions avec autant d'habileté que de succès. Ambassadeur à Constantinople, il a été témoin de tous les maux que peut causer l'arbitraire qui se fait un jeu de la vie et de la liberté des hommes ; aussi veut-il le repousser et empêcher qu'il ne s'établisse en France.

Sivard de Beaulieu, le chevalier, (Manche).

Ses principes et son opinion, d'accord avec la sagesse, lui font repousser avec force tout ce qui tend à troubler l'ordre de la société, et porter atteinte aux lois faites pour assurer son bonheur.

Ternaux, ainé (Seine); l'un des premiers négocians de France, il consacre sa fortune et ses établissemens à secourir les malheureux, à soulager les pauvres, à protéger et à étendre les progrès de l'industrie nationale; il ne cesse de s'occuper de ce qui intéresse le bien de l'Etat, de la prospérité publique, et il prouve chaque jour qu'avec un cœur droit et l'amour de la vertu, on trouve en soi tout ce qu'il faut pour être législateur et assurer le bonheur de ses semblables, en maintenant les institutions qui, seules, en sont la source et le principe. Honneur à ceux qui suivront l'exemple de l'honorable député, ils acquerront la vraie gloire, celle qui ne craint aucuns revers, et dont les succès font souvent couler des larmes, mais elles sont bien douces, ce sont celles de la reconnaissance.

Tréhu de Monthiery (Ille-et-Vilaine). La franchise et la loyauté forment le caractère distinctif des Bretons, c'est dire assez quel est celui de l'honorable député.

Tronchon (Oise); député à l'assemblée législative en 1791, il y développa un beau caractère, du courage et une grande fermeté, unis à la présence d'esprit. En 1814, il a parlé sur les élections et sur les finances, avec autant de sagesse que d'amour du bien public, Ami de sa patrie et de la Charte, il veut notre bonheur, et son opinion le prouve.

Turkeim, le baron de, (Bas-Rhin). Il a vu avec peine les déchiremens qui ont affligé la France; le seul moyen de nous en prémunir dans l'avenir étant de soutenir la Charte, il s'y attache : elle est pour nous l'ancre du salut. Pénétré de cette idée, il s'oppose à tout ce qui lui semble devoir y porter atteinte.

Vallée, conseiller à la cour de cassation, (Meuse). La connaissance et l'étude approfondie des lois, sont les guides les plus sûrs que peut choisir un juge, afin de ne jamais prononcer au hasard, ou contre sa conscience. L'honorable député, pénétré de ces grandes vérités et de la bonté de nos institutions qui découlent de la Charte, les soutient, et les défend contre l'arbitraire; si le succès ne couronne pas ses louables efforts, exempt de reproches, il dira : j'ai fait mon devoir.

Verneilh-Puyrazeau, le chevalier de, (Dordogne); ami des principes, de la sagesse, et de la modération, ce sont ces excellentes qualités, disons mieux, ces vertus qui ont présidé à tout ce qu'il a dit lorsqu'il a parlé à diverses époques, et c'est encore dans le même esprit qu'il soutient la Charte et défend nos libertés contre l'arbitraire.

Villemain (Morbihan); il aime sa patrie, il veut son bonheur, et s'oppose à tout ce qui contrarie ces deux nobles sentimens.

Voyer - d'Argenson (Haut-Rhin); il a oc-

cupé avec distinction et administré sagement plusieurs préfectures ; il a parlé en faveur de la liberté
de la presse , qu'il regarde comme très - utile
pour la propagation des lumières. Il combattit
différens articles du budjet. Il a développé dans
toutes les circonstances un grand caractère , et
s'est fait connaître comme professant des principes qui respirent l'amour du bien public , la haine
de l'arbitraire et de l'oppression.

*Il est membre du conseil central d'administration en faveur des
citoyens qui seront victimes de la mesure d'exception sur la liberté
individuelle.*

*W*elche (Vosges). Cet honorable député pos-
sède des qualités qui sont à préférer au clinquant,
aux sophismes dont certains orateurs font usage
pour éblouir et tromper en cherchant à établir des
lois désarganisatrices et subversives de l'ordre
social ; son jugement et sa droiture le mettent à
l'abri de cette espèce de séduction ; il soutient
de son suffrage les intérêts de sa patrie et les insti.
tutions qui assurent son bonheur et sa tranquillité.

FIN.

www.ingramcontent.com/pod-product-compliance
Lightning Source LLC
Chambersburg PA
CBHW050546210326
41520CB00012B/2737